Manfred Rießer

Der Prediger / Paulus im Häf'n / Also starb Zarathustra

Manfred Rießer

Der Prediger / Paulus im Häf'n / Also starb Zarathustra

(3 geistliche Theaterstücke für 1, 2 bzw. 3 Personen)

Fromm Verlag

Publisher:
Fromm Verlag
is a trademark of
International Book Market Service Ltd., member of OmniScriptum Publishing Group
17 Meldrum Street, Beau Bassin 71504, Mauritius

Printed at: see last page
ISBN: 978-613-8-36034-6

Drei geistliche Theaterstücke für

ein, zwei und drei Personen

von Manfred Rießer

Der Prediger

Paulus im Häf'n

Also starb Zarathustra

Der Prediger

Einpersonenstück

Einleitende Bemerkungen: *Das Stück beinhaltet eine Predigt, die ein Prediger an einem Sonntag vor seiner Gemeinde hält. Er ist ein bekannt talentierter und sprachgewaltiger Pfarrer, - daher wird der Gottesdienst mit dieser Predigt auch im Fernsehen übertragen:*

Prediger:

„Gnade sei mit euch und Friede von Gott, unserm Vater, und dem Herrn Jesus Christus!"

Liebe Gemeinde, liebe Zuseher vor dem Fernseher: Wir haben soeben das wunderschöne Lied „Befiehl du deine Wege" gesungen. Vor wenigen Tagen noch gehörten für mich Text und Melodie dieses Liedes zum Kostbarsten, was in unserem Gesangbuch zu finden ist. Heute aber habe ich nicht mitgesungen. Mir war schon beim Lesen des Textes einfach zum Kotzen. Doch dazu später.

Der heutigen Predigt liegt ein Wort aus dem Buch Hiob zugrunde. Dort sagt Hiob die Worte, die wir manchmal auch bei Beerdigungen hören: *„Der HERR hat's gegeben, der HERR hat's genommen; der Name des HERRN sei gelobt."*

(der Prediger betet): „Herr, es ist mir heute völlig egal, ob du mir den Mund und uns die Herzen und Sinne öffnest, um deinen Ruhm zu verkündigen und zu vernehmen. Amen."

(Prediger zur Gemeinde)

Die Geschichte von Hiob, liebe Gemeinde, ist schnell erzählt. Der Teufel und der angeblich so liebe Gott schließen im Himmel gewissermaßen eine Wette ab. Wird der fromme Hiob an seinem Glauben auch festhalten, wenn er alles verliert? Nachdem der Ärmste innerhalb eines Tages sein gesamtes Vermögen und auch seine Kinder verloren hat, spricht Hiob die scheinheiligen Worte des heutigen Predigttextes.

Der Teufel darf den armen Hiob anschließend auch noch mit einer unappetitlichen Krankheit quälen. Die Freunde, die Hiob besuchen, geben ihm gute Ratschläge und vermuten wortreich, dass Hiob für seine Sünden bestraft wird. Hiob widerspricht ebenso heftig wie frustriert. Schließlich kommt Gott. Er fragt Hiob, wo dieser denn war, als er, der Allmächtige, die Erde geschaffen hat. Das muss dem armen Kerl als Erklärung für sein Leiden genügen. Die Freunde Hiobs bekommen auch ihr Fett ab. Und am Schluss wird Hiob wieder gesund und reich. So weit, so merkwürdig.

Doch nun zum Predigttext: *„Der HERR hat's gegeben, der HERR hat's genommen; der Name des HERRN sei gelobt.“.*

Liebe Gemeinde. Eigentlich dürfte ich heute gar nicht hier stehen. Alle meine Freunde haben mir davon abgeraten, diesen Gottesdienst zu halten. Es ist doch sehr gefährlich, einen Menschen im emotionalen Ausnahmezustand auf die Kanzel zu lassen.

Keine Sorge! Ich bin nicht bewaffnet. Ich werde also niemanden erschießen oder verletzen, ich werde die Kirche weder in die Luft sprengen noch anzünden. Und, so Gott will, werde ich selbst nach der Predigt unbeschadet von der Kanzel steigen.

(zu sich selbst): „So Gott will“ – der Spruch hat Klasse!

Meine Predigten wären immer sehr lehrreich und erbaulich. Sagt man. Deshalb ist heute wohl auch das Fernsehen hier.

Meine Predigten wären immer sehr tröstlich und ermutigend. Sagt man. Deshalb sollte eine davon landesweit übertragen werden.

Meine Predigten wären weder zu lang noch zu kurz. Sagt man. Deshalb darf ich im Allgemeinen auch mit großer Aufmerksamkeit rechnen.

Wenn sich die Vorschusslorbeeren, mit denen meine Predigten sehr oft bedacht werden, heute in Luft auflösen, dann hat dies etwas mit den Ereignissen der letzten Woche zu tun.

Es ist mir wirklich egal, wie meine Predigt heute beurteilt und kommentiert wird. Ich kann Ihnen gar nicht sagen, wie unglaublich egal mir das heute ist. Sie dürfen mich während oder nach der Predigt auch gerne auspfeifen. Auch wenn es Sie enttäuscht: es wird mich nicht im Geringsten berühren. Versprochen! Ich predige außerdem weder den Menschen hier im Gottesdienst noch den Zusehern vor den Fernsehgeräten. Ich halte meine Predigt dem lieben Gott. Ihm will, nein, muss ich die Leviten lesen. Und falls der nicht zuhört, wird ihm irgendein Engel wohl flüstern, was es da heute in diesem Gottesdienst zu hören gab.

Ich habe vier Kinder. Ich hatte vier Kinder. Der Älteste war drogensüchtig und ist vorige Woche an einer Überdosis gestorben. Der Zweitälteste ist einen Tag später bei einem Autounfall ums Leben gekommen. Die ältere Tochter litt seit Jahren unter Depressionen, und hat ihrem Leiden gestern selbst ein Ende gesetzt. Wahrscheinlich war der Tod ihrer Brüder der letzte Kick, den sie für diesen Selbstmord gebraucht hat. Und von meiner jüngsten Tochter, – Amalie heißt oder hieß sie -, habe ich seit Jahren nichts mehr gehört. Sie ist irgendwann abgehauen. Amerika? Asien? Afrika? Ich weiß es nicht. Jedenfalls hatte sie von meiner widerlichen Frömmigkeit die Schnauze voll. So oder so ähnlich hat sie ihre Flucht begründet. Ich weiß weder ob noch wo sie vielleicht lebt.

Was mein Vermögen anbelangt, - da hat mich Gott bisher verschont. Vielleicht tut er sich auch einfach nur schwer, an mein Bankkonto ranzukommen. Es ist nicht besonders gut, aber doch zufriedenstellend gefüllt.

Bei meiner Gesundheit hat er sich leichter getan. Nach dem gestrigen Befund steht fest, dass die Gemeinde wohl nicht mehr allzu viele Predigten von mir hören muss.

„Der HERR hat's gegeben, der HERR hat's genommen; der Name des HERRN sei gelobt.".

Weißt du, lieber Gott, dass ich dich noch mit „lieber Gott" anspreche, hat nichts mit Glauben zu tun. Das ist Zynismus.

Dass ich überhaupt noch mit dir rede, hat auch nichts mit Glauben zu tun. Das ist Trotz. Ob es dir passt oder nicht, diese Predigt wirst du dir noch anhören!

Theologisch korrekt formuliert, kämpfe ich in dieser Predigt mit dem sogenannten Theodizee-Problem. Warum lässt du das Leiden zu? Alle deine Nachfolger behaupten, dass du gütig, liebevoll und allmächtig bist. Das passt doch vorne und hinten nicht zusammen!

Das Problem ist alles andere als neu. Ich habe über das Theodizee-Problem schon oft gepredigt. Es waren ausnahmslos gute Predigten, sehr gute Predigten. Du erinnerst dich vielleicht. Oh, wie habe ich dich in diesen Predigten verteidigt!. Das hat dich aber offensichtlich wenig beeindruckt.

Es ist dir also wohl sehr wichtig, dass ich über dieses Thema nicht nur predige. Ich sollte es am eigenen Leibe spüren.

Das ist dir gelungen. Ich spüre es. Ich spüre es mit jeder Faser meines Körpers. Ich spüre es jeden Augenblick am Tag und auch in der Nacht. Mein Geist und meine Seele sind ein einziges Theodizee-Problem!

Jetzt könnte ich eigentlich mit „Amen" abschließen, denn viel mehr fällt mir dazu nicht ein.

Und weil mir gerade nichts einfällt, mache ich hier mal eine Pause. Und die anwesenden Gemeindeglieder und die Menschen vor den Fernsehgeräten dürfen selbst mal in sich gehen, und über dieses Problem nachdenken. Aber Vorsicht! Es kann wirklich sehr, sehr weh tun.

(lange Pause)

Was mich wirklich ankotzt, lieber Gott, was mich wirklich ankotzt ist die Überheblichkeit, mit der du Gebete ignorierst. Kannst du dich an meine tollen Predigten erinnern, die ich über deine tröstlichen Worte im Lukas-Evangelium gehalten habe? *„Bittet, so wird euch gegeben; suchet, so werdet ihr finden; klopfet an, so wird euch aufgetan. Denn wer da bittet, der empfängt, und wer da sucht, der findet; und wer da anklopft, dem wird aufgetan".*

Oh, könnte ich diese verlogenen Predigten bloß ungeschehen machen!

Ich habe gebeten, und du hast nicht gegeben, sondern genommen! Ich habe gesucht, du aber hast dich feige versteckt! Ich habe angeklopft, – oh, wie habe ich angeklopft und vor deinem verschlossenen Tor und deinem versteinerten Herzen geschrien, – du aber hast nicht aufgemacht!

Du willst eigentlich nur meinen Glauben testen? Gut, ich habe versagt. Es ist nichts mehr da. Gähnende Leere, wo immer ich auch suche. Du hast gewonnen.

Und was ich jetzt überhaupt nicht brauchen kann, weder von dir noch aus den Reihen der Gemeinde, die da so staunend vor mir sitzt, sind Hinweise zum Thema Schuld: Ob ich wohl die Ursache der Drogenprobleme meines ältesten Sohnes bedenken würde, und den Grund für die Depressionen meiner Tochter. Ob mein anderer Sohn am Autounfall nicht selbst schuld sei und ob letztlich nicht ich für die Flucht meiner zweiten Tochter die Verantwortung trage. Falls es dir wichtig ist: Ich bekenne mich schuldig! Schuldig! Schuldig! Schuldig! – An allem bin ich schuld! Geht es dir jetzt besser? Mein Geständnis liegt auf dem Tisch. Öffentlich! Zufrieden? Vielleicht hast du es noch nicht kapiert, aber einen Gott nur für die Schuldlosen können wir hier nicht gebrauchen! Ist dir im Himmel eigentlich langweilig? Es würde mich nicht wundern. Wenn du nur für die Schuldlosen den lieben Gott spielst, dann bist du ja quasi arbeitslos! Zum gähnenden Zuschauen verdammt!

(wieder eine etwas längere Pause)

Ich habe ein Amt. Ein Predigtamt. Und im Gegensatz zu dir, lieber Gott, werde ich meinen Job treu und anständig bis zum Schluss ausüben! Dir habe ich alles gesagt, was zu sagen ist. Verzeih mir also, wenn ich jetzt nicht mehr mit dir rede, der du nicht zuhörst, sondern mit der Gemeinde, die erstaunlicherweise noch immer hier sitzt und neugierig darauf ist, was denn da heute noch kommt.

Liebe Gemeinde!

Ich predige also heute nicht, weil ich glaube, sondern obwohl ich nicht glaube. Paulus ermahnte Timotheus, dass dieser zur Zeit und zur Unzeit predigen sollte. Ich wandle diese Aufforderung für mich ab. Es ist mein Job, im Glauben und im Unglauben zu predigen. Als Pfarrer darf ich ja nicht nur auf die Kanzel steigen, wenn ich gerade mal ganz kräftig glaube. Ich muss auch rauf, wenn ich, – wie jetzt –, gar nichts mehr glaube. Mit dem Problem bin ich übrigens nicht alleine. Sie würden sich wundern, wenn Sie wüssten, wie viele Pfarrer völlig ohne Glauben auf der Kanzel stehen und fromme Gedanken von sich geben.

Wie predigt man ohne Glauben? Interessante Frage, - nicht? Früher habe ich diese Frage leidenschaftlich gerne den modernen Theologen um die Ohren gehauen. Heute muss ich mir diese Frage selbst beantworten.

Als Pfarrer ohne Glauben predige ich am besten mit Bibelzitaten. Da kann ich nicht viel falsch machen. Andere verwenden auch Zitate von berühmten Philosophen.

Im ersten Timotheusbrief schreibt Paulus: *„Denn wir haben nichts in die Welt gebracht; darum offenbar ist, wir werden auch nichts hinausbringen."*

Unglaublich, dieses Wort glaube ich sogar.

Es hilft mir nur nicht weiter.

In der Apostelgeschichte werden wir ermahnt, dass wir durch viel Trübsal in das Reich Gottes eingehen müssen.

Das mit der Trübsal, das glaube ich.

Das mit dem Reich Gottes nicht.

2. Korinther 1,3-4: *„Gelobet sei Gott und der Vater unsers HERRN Jesu Christi, der Vater der Barmherzigkeit und Gott alles Trostes, der uns tröstet in aller unsrer Trübsal, dass auch wir trösten können, die da sind in allerlei Trübsal, mit dem Trost, damit wir getröstet werden von Gott."*

(Prediger richtet den Blick nach oben)

Gott tröstet? Wann - Gott - tröstest du denn? Schickst du mich heute deshalb auf die Kanzel, damit ich mir selbst Trost zuspreche? Ist das auch mein Job? Mich selbst zu trösten, weil du zu beschäftigt bist, zu uninteressiert, zu beleidigt? Du legst ein dickes Buch auf die Kanzel, und ich muss mich damit selbst therapieren? Geht's denn für dich noch bequemer! Ach ja. Die Bibel hast ja nicht du hingelegt. Das war ja auch ich. Alles muss ich selber machen. Und du schaust zu. Oder weg. Weißt du, was du bist? Ein einziges zynisches Rätsel!

(Prediger wieder zur Gemeinde)

Sorry. Aber das musste sein.

Römer 8,18: *„Denn ich halte es dafür, dass dieser Zeit Leiden der Herrlichkeit nicht wert sei, die an uns soll offenbart werden."*

Also der Satz ist cool. Lieber Paulus, geht's dir noch gut? Alles halb so schlimm? Das Beste kommt ja noch? Das ist kein Trost, das nenne ich eine billige Vertröstung. Irgendwann wird alles wieder gut. Ich brauche aber nicht irgendwann Hilfe und Antworten, sondern jetzt, hier und heute auf dieser Kanzel. Was nützt mir die Ewigkeit, wenn mir die Gegenwart den Verstand raubt?

(Der Prediger schlägt die Bibel wieder zu)

Die Zitate haben keinen Sinn. Sie gehen beim einen Ohr rein und beim anderen wieder raus. Da ist nichts, was mir hilft, gar nichts.

Damit will ich nicht sagen, dass die Bibel wertlos ist. Nein, liebe Gemeinde, ich möchte euch ermutigen, in diesem Wort zu lesen. Wenn es euch gut geht, aber auch wenn ihr Trost, Ermutigung, Wegweisung oder sonst was braucht. Aber wenn ihr ausgetrocknet und verdorrt seid, wenn euer Glaube in der Hitze des Leidens verbrannt ist, dann könnt ihr euch das Bibellesen ersparen. Dann wirkt er nämlich nicht mehr, dieser sonst so hilfreiche Placebo-Effekt.

Liebe Gemeinde!

Ihr seht, dass ich völlig am Ende bin. Ist einer hier, der jetzt aufstehen würde, um für mich zu glauben, um mit mir die Last zu tragen, die ich nicht mehr tragen kann? Dieser barmherzige Mensch soll doch bitte aufstehen, mich von der Kanzel stoßen und an meiner Stelle weitermachen.

(Der Prediger blickt erwartungsvoll und zunehmend enttäuscht in die Gemeinde)

Keiner? Wirklich keiner? Was seid ihr bloß für ein erbärmlicher Haufen! Jahrzehntelang habe ich euch mit geistlicher Nahrung versorgt, und jetzt verweigert ihr mir den einen Bissen Brot und den einen Schluck Wasser, die mich vor der endgültigen Verzweiflung bewahren könnten! Es ist der Job eines Pfarrers, der Gemeinde Tag und Nacht zu dienen. Sollte es nicht auch der Job der Gemeinde sein, den Pfarrer zu tragen? Für ihn zu beten, zu streiten, zu kämpfen, zu leiden, zu glauben, zu .... ach vergesst es. Elendes Sündenpack!

(Der Pfarrer macht eine kurze Pause, und sammelt seine Gedanken)

„Gott ist tot" behauptet Nietzsche. Das wäre toll, wenn es wahr wäre. Aber Gott ist nicht tot. Er ist nur gelangweilt. Oder neugierig. Neugierig, wie lange er einen braven Pfarrer strapazieren darf, bis dieser endlich sagt: „Gott ist tot".

(Wieder nach oben gerichtet):

Aber ich muss dich enttäuschen! So schnell erkläre ich dich nicht für tot! So billig kommst du mir nicht davon! Weißt du, ich möchte gerne wissen, wie du eigentlich tickst. Was du dir so denkst, wenn du scheinbar nichts denkst, und wenn dich nichts und vor allem kein Mensch interessiert. Wo du bist, wenn du scheinbar weg bist. Wie du es schaffst, deine angebliche Liebe einfach einzufrieren. Was machst du den ganzen Tag, während Millionen weinender Menschen auf deine Hilfe warten? Oh, wahrscheinlich zählst du die Haare, die gerade von ihren Häuptern fallen! Und daneben siehst du den Blumen gelangweilt beim Verwelken zu.

Ein Freund, der mich trösten wollte, war viel barmherziger als die Freunde Hiobs. Er hat nicht von Schuld geredet. Er hat mir geraten, mich nicht hängen zu lassen. Gott hätte doch noch Aufgaben für mich.

Gott hat noch Aufgaben für mich. Er hat's gut gemeint, der Freund. Aber warum soll ich mir von einem Gott, der seinen Job nicht macht, auch nur noch einen Auftrag geben lassen? Das hat er nicht verdient, dass ich für ihn arbeite. Ich habe nur eine begrenzte Kraft und schufte seit Jahren und Jahrzehnten wie verrückt. Und er, der Allmächtige, lehnt sich zurück, während meine Kinder sterben!

Ach, könnte ich bloß ein Atheist sein. Das wäre schön! Weit und breit kein Gott, sondern nur die Grausamkeit des blinden Zufalls und die unerbittliche Konsequenz des menschlichen Versagens.

Aber Gott lebt. Ich will mich nicht selbst belügen: - er lebt.

Ist es da zu viel verlangt, etwas Barmherzigkeit zu erwarten?

Hätte er nicht einen seiner zahlreichen Propheten damit beauftragen können, uns sein generelles Desinteresse an den Menschen kund zu tun? Hätte nicht ein Prophet aufstehen können, um die Worte in Stein zu meiseln: „So spricht der Herr! Menschenkinder, ihr langweilt mich. Eure Gottesdienste langweilen mich, eure Lieder langweilen mich, eure Gebete nerven mich und euer Jammern und Klagen nervt mich am Allermeisten. Daher ergeht folgendes Gebot an euch: Lasst mich in Ruhe! Meine Türe ist zu, ihr könnt eure auch zumachen. Und dann herrscht Frieden im Himmel!"

Aber nein, er quasselt von Liebe. Nach wie vor. Berge von Leichen, und er quasselt von Liebe. Die Menschen ertrinken im Tränenmeer, und er quasselt von Liebe.

(Langes Schweigen, an dessen Ende der Prediger zum Kreuz blickt)

Liebe Gemeinde, ist euch etwas aufgefallen?

Nicht? Natürlich nicht....... Was soll ich von euch schon erwarten?

Mir aber fällt es jetzt gerade auf...... Und es erstaunt mich.

Ich habe während der ganzen Predigt noch kein einziges Mal auf das Kreuz geblickt. Und ich habe es auch nicht erwähnt.

Seltsam, oder?

Vielleicht sollte ich, sollten wir, ein wenig innehalten und auf das Kreuz schauen....

(lange Pause)

Wisst ihr? Wenn alle Pfarrer dieser Welt mit dem Predigen aufhören, weil sie nicht mehr wollen oder nicht mehr können, dann wird dieses Kreuz noch immer predigen. Und wenn alle Pfarrer dieser Welt, so wie ich soeben, Gottes erbärmliche Gleichgültigkeit verkündigen, dann wird dieses Kreuz noch immer seine Liebe bezeugen.

Das ist so. Ich sage es nicht gerne. Ich möchte es lieber verschweigen. Aber es ist so.

Aus dem Psalm 73: *„Wenn mir gleich Leib und Seele verschmachtet, so bist du doch, Gott, allezeit meines Herzens Trost und mein Teil."*

Die Hoffnung auf eine nette Ewigkeit tröstet mich nicht. Die kann mich nicht trösten. Heute nicht, morgen nicht, - nie mehr.

Aber das Kreuz tröstet mich. Jetzt, hier auf der Kanzel. So unerwartet plötzlich. Von einem Augenblick auf den anderen.

Gott leidet. Ist es das, was wir wissen möchten, damit es uns in unserem Elend besser geht? Der weinende Gott, der seinen Sohn verliert, um uns zu gewinnen? Brauchen wir das, um ein wenig zu hoffen, dass Gott uns versteht?

In den letzten Tagen bin ich vor Gott davongelaufen. Vor dem kaltherzigen, gleichgültigen, unverständlichen Gott. Ich habe ihn hinter mir gelassen und bin jetzt hier auf der Kanzel, von der aus ich der Gemeinde und der Welt diesen kaltherzigen, gleichgültigen und unverständlichen Gott verkündigen wollte, dem barmherzigen, leidenden Gott in die Arme gelaufen.

Es tut gut. Es tut so unglaublich gut!

Nein, es beantwortet keine einzige meiner Fragen.

Und doch wird es wärmer. Gott ist nahe und versteht mich. Ob das als Trost reichen kann, um von der Kanzel zu steigen und zu fragen, welche Aufträge auf mich noch warten?

Lieber Gott, du hast Glück gehabt. Dieses Kreuz hat dich vor meiner Predigt gerettet. Ein Raum ohne Kreuz, und meine Predigt wäre in einer tausendseitigen Anklageschrift gemündet, bis mich einige Leute mit Gewalt von der Kanzel gezerrt hätten.

Herr, ich bin zerbrochen. Aber das warst du auch.

Herr, ich verstehe dich nicht. Aber so ist es auch deinem Sohn ergangen.

Herr, ich leide. Und du leidest mit. Vielleicht soll mir das für's Erste genügen.

Liebe Gemeinde. Kann das genügen?

(längere Pause)

(In der Jackentasche des Predigers klingelt ein Smartphone. Der Prediger blickt auf das Smartphone):

Unbekannte Nummer. Die Predigt ist sowieso vorbei. Amen.

(Er hebt ab)

.... Amalie?..... Du rufst an?...... Du lebst? ...Du bist hier?... Ich komme, meine Tochter, ich komme!

(Der Prediger verlässt die Kanzel und läuft hinaus!)

Choral: Befiehl du deine Wege.

<u>Paulus im Häfen</u>

Zweipersonenstück

<u>Einleitende Bemerkungen</u>: Es ist nicht Absicht des Stückes, historische Fakten darzustellen. An der fiktiven und historisch falschen Annahme, dass Paulus in Rom im Gefängnis alle seine Briefe geschrieben hat, sollen Fragen nach Glaube und Zweifel, nach Leben und Tod, anhand der Person des Paulus und seiner Texte gestellt und mögliche Antworten angeboten werden. Personen: P (Paulus) und L (Luzifer) Zwischen den einzelnen Akten sind passende Musikstücke vorgesehen.

(Paulus (P) wandert in seiner Zelle verzweifelt hin und her und hadert mit Gott)

P: Warum? – Herr, waaarum??!!

(Pause)

P: Nenne mir einen, einen Einzigen, der in den letzten Jahren dir treuer gedient hat als ich. Und nenne mir Einen, einen Einzigen, der dafür so grausam verprügelt worden ist wie ich.

(Pause)

P: Und halte mir jetzt bloß nicht vor, dass ich Stephanus steinigen ließ. Komm mir bloß nicht mit dieser alten Geschichte! Die liegt Jahre zurück! Ich war ein ungläubiger Pharisäer und habe ehrlich geglaubt, ich handle in **deinem** Auftrag, nach **deinem** Willen, zu **deiner** Ehre! Und du weißt, - oh Gott du weißt genau -, wie sehr ich bis heute darunter leide. Jede Nacht malst du mir seinen Tod vor Augen. Wie viele schlaflose Nächte habe ich mich gequält? Macht es dir Freude, mich hier in diesem dunklen Kerker in Rom zu sehen?

(Pause)

P: Ich sehe nicht, wenn die Sonne aufgeht, und du verweigerst mir auch ihre letzten Strahlen am späten Abend. Ich kann mich kaum daran erinnern, wie der Gesang der Vögel klingt, das Rauschen des Meeres und das Lachen von Kindern. Nur das Piepsen dieser grässlichen Ratten ist mir vertrauter als jemals zuvor.

(Pause)

P: Bin ich erst Tage hier? .... Oder schon Wochen? .... Monate? .... oder sind's schon Jahre? Wie lange schon, Herr? – Und wie lange noch? Wie lange denn noch?.... Ob sich draußen noch jemand an mich erinnert? .... Timotheus vielleicht. ...... Petrus hat mich sicher schon vergessen..... **Den** hast du natürlich sofort befreit, als er im Gefängnis war! .... In Jerusalem kräht wahrscheinlich kein Hahn mehr nach mir. „Hahn", – das passt übrigens sehr gut zu Petrus....... Erinnerst du dich? Ich will nicht überheblich sein, aber ein solcher Verrat wäre mir niemals passiert!

(Pause)

P: Jahrelang habe ich mir den Mund fusselig gepredigt. Es war glühend heiß, ich bin im Auftrag des Herrn gewandert. Es hat geschüttet, ich habe im Auftrag des Herrn nicht eine Pause eingelegt. Ich habe im Auftrag des Herrn gefroren, ich wurde im Auftrag des Herrn beleidigt, verspottet und verprügelt, ich habe meine alten Freunde verloren, - im Auftrag des Herrn -; .... Und ich bin im Auftrag des Herrn arm geblieben; - in **deinem** Auftrag, Herr, - ...... arm und verachtet...... Oh, was für eine Karriere war mir in die Wiege gelegt, was für eine glänzende Karriere. ..... Und dann dieses Damaskuserlebnis.... Und jetzt dieser Kerker.

(Pause)

P: Um die Gemeinde in Korinth mache ich mir am meisten Sorgen. Oh, diese sündige Hafenstadt am Peloponnes. Dass du diese Stadt noch nicht unter der Asche eines Vulkans vergraben hast, kann ich, ehrlich gesagt, nicht verstehen. Wozu habe ich dort gepredigt? Die Christen in Korinth unterscheiden sich ja immer noch kaum von den Heiden! Salz und Licht sollten sie sein! Stattdessen lieben sie die Völlerei und laufen zu den Huren. Vielleicht hast du mich ja deshalb in dieses Loch geworfen, weil ich in Korinth versagt habe……

(Pause)

P: Aber Herr, jetzt mal ehrlich, – auch du warst nicht immer erfolgreich. Aus wie vielen Städten haben sie dich förmlich hinausgeworfen? ….. Ich bin in Korinth immerhin aufgenommen worden und konnte dein Wort predigen…….

(Pause)

P: Ich bin müde und ausgelaugt, und ich bin hungrig; aber in diesem Drecksloch gibt es ja nur einmal am Tag eine erbärmlich magere Mahlzeit. Eine dünne Suppe ohne Salz in einem Kerker ohne Licht.

Musikstück

L: *(steht im Publikum auf und wendet sich an das Publikum)* – Will denn niemand diesem armen Paulus helfen? Nun gut……. *(geht in Richtung Zelle)*

P: Wer bist du?

L: Ein Freund.

(kurzes Schweigen)

P: Ein Freund?

L: Du bist überrascht?

P: Was soll mich hier noch überraschen. Es hätte mich gewundert, wenn Christus mich besucht hätte.

L: In deiner Situation braucht man Freunde und keinen Christus. An dir hat Gott längst jegliches Interesse verloren. Aber ich, ich will dir helfen.

P: Du? - Mir?

L: Ja, ich, dir..... Schau nicht so ungläubig...... Irgend jemand muss sich ja um die gescheiterten Apostel kümmern.

P: *(resigniert)* Ich bin also gescheitert......

L: Sieht so Erfolg aus? – Schau dich doch um!

P: (schaut sich um, betastet mit den Händen die Steinmauern)

P: Nein, du hast wohl recht. Ich bin gescheitert........ Aber, *(wendet den Blick nach oben)* Gott, warum lässt du das zu?

L: *(längeres Schweigen, Luzifer „genießt" die Frage des Paulus)* Welcher Gott?

P: Der Gott Abrahams, Isaaks und Jakobs. Der barmherzige, gütige, liebende Vater im Himmel!

L: Ach so, nein, **diesen** Gott gibt es nicht.

P: (schaut L fragend und verständnislos an)

L: „Denn nicht Gott schuf den Menschen nach seinem Bilde, sondern der Mensch schuf Gott nach seinem Bilde."

P: Wer kann es wagen, so etwas zu sagen?

L: Ludwig Feuerbach. Du kennst ihn nicht, und er hat es noch nicht gesagt, weil er noch nicht geboren ist. Aber er wird es einmal sagen, und es wird eines meiner berühmtesten und originellsten Zitate.

P: Kann so etwas jemals geglaubt werden?!

L: Du beleidigst einen Mann, dessen Erkenntnis einmal sehr populär wird! Ein Klassiker!

(Luzifer geht zu Paulus und legt seinen Arm um ihn)

L: Lieber Paulus, mein Freund. Betrachten wir doch einmal nüchtern und sachlich die Sackgasse, in der du steckst......... Du sitzt im finsteren, kalten Loch, und wenn es **deinen** Gott gäbe: - wo bleibt da seine Liebe, seine Güte, seine Barmherzigkeit?

P: Ich ..... ich weiß es nicht.

L: Der gelehrte und tiefgläubige Paulus weiß auf die einfachsten Fragen keine Antwort! Sag mir, was ist das für ein Gott?!

P: Ein ...... unverständlicher Gott.

L: Ein Gott, der nie da ist, wenn man ihn braucht! Die Wände deines Kerkers, die Striemen auf deinem Rücken, das Weinen und Klagen in dieser Welt: das alles zeigt, dass es deinen Gott einfach nicht gibt!

P: *(nickt)* .... Ein Gott, der nie da ist, wenn man ihn braucht....

L. Das ist die Wahrheit. Dein Glaube bietet dir doch nichts, - nur leere Worte. Ich hingegen bin ein Mann der Tat! Ich kann dich aus diesen Mauern hinausführen und dafür sorgen, dass du deine Karriere als Saulus wieder erfolgreich fortsetzen kannst. Du kannst als Saulus noch viel Gutes tun........

P: Habe ich denn auf meinen endlosen Reisen nicht viel Gutes getan? Die Saat ist doch schon aufgegangen!

L: Dann solltest du ein Zitat des berühmten Charles Darwin hören: „Ich kann es kaum begreifen, wie jemand, wer es auch sei, wünschen könnte, die christliche Lehre möge wahr sein. Das ist eine abscheuliche Lehre." Den kannst du natürlich auch noch nicht kennen.

P: Wozu diese Zitate von Menschen, von denen ich noch nie gehört habe?

L: Einfach zum Nachdenken. Überlege dir mein Angebot, - ich komme wieder. Du weißt doch: - wahre Freunde helfen einander.

(Luzifer verlässt das Gefängnis)

Musikstück

(Auf die Wand des Kerkers wird das Kreuz projiziert. Paulus blickt lange auf das Kreuz, setzt sich dann hin, nimmt Pergament und Feder und beginnt zu schreiben, wobei er die Worte, die er schreibt, laut vor sich hin spricht. Während er schreibt und spricht, kommt Luzifer wieder in den Kerker und hört zu)

P: *(schreibend)* Denn das Wort vom Kreuz ist eine Torheit denen, die verloren werden; uns aber, die wir selig werden, ist's eine Gotteskraft.

L: *(zum Publikum)* Das Wort vom Kreuz ist eine Torheit, das kann ich unterschreiben.

P: Denn so man von Herzen glaubt, so wird man gerecht; und so man mit dem Munde bekennt, so wird man selig.....

L: *(wendet sich an Paulus und winkt provokant)* Paulus! – Da bin ich wieder! – Können wir jetzt wieder über deine Situation reden? Wenn ich dir nicht zur Freiheit verhelfe, wirst du tatsächlich verhungern. Erbarmt sich Gott etwa über dich? Also, was muss ich tun, damit du dich von mir aus diesem Kerker führen lässt?

(Paulus schweigt und blickt auf das Kreuz)

L: Paulus, schau her zu mir! Ich biete dir Reichtum und Karriere!

(Paulus schüttelt den Kopf und blickt weiter auf das Kreuz)

L: Ich schenke dir Gesundheit. Du fühlst doch Tag und Nacht, in welch erbärmlichen körperlichen und seelischen Zustand Gott dich hier vermodern lässt.

(Paulus schüttelt den Kopf und blickt weiter auf das Kreuz)

L: Ich öffne dir die Tür zu den Herrscherhäusern dieser Welt. Du wirst mehr Freunde haben, als du zählen kannst. Hier in diesem Loch kennen dich doch nur die Ratten.

(Paulus schüttelt den Kopf und blickt weiter auf das Kreuz)

L: Ich schenke dir ein langes, sorgenfreies Leben. In diesem Kerker überlebst du kein weiteres Jahr.

(Paulus schüttelt den Kopf und blickt weiter auf das Kreuz)

L: Ich schenke dir eine schöne Frau, wenn du willst auch zwei oder drei. Alles ist möglich. Wirst du in diesem Loch nicht langsam verrückt bei dem Gedanken an einen warmen Körper an deiner Seite?

(Paulus schüttelt den Kopf und blickt weiter auf das Kreuz)

L: Los, sag mir, – was kann ich für dich tun?

(Paulus blickt Luzifer an und zeigt dann aufs Kreuz)

P: Würdest **du** dich für mich an dieses Kreuz nageln lassen?

(Luzifer verlässt wütend wortlos den Kerker)

Musikstück

(während des Liedes schreibt Paulus schweigend weiter)

(Luzifer betritt wieder den Kerker)

L: Verzeih, dass ich so wortlos gegangen bin. *(lacht)* Du hast mich doch tatsächlich überrascht. Der Unsinn mit dem Kreuz hat mich beinahe aus der Fassung gebracht.

(Luzifer schaut interessiert auf das beschriebene Pergament)

L: Was schreibst du denn da….., darf ich's lesen?

(Paulus überlässt Luzifer das Pergament, und dieser liest laut vor)

L: „Ich elender Mensch, wer wird mich erlösen von dem Leibe dieses Todes"….. Sehr schön formuliert. Da fällt mir übrigens wieder ein sehr hübsches Zitat ein: „Wer sich zum Wurm macht, soll nicht klagen, wenn er getreten wird." – Immanuel Kant –, kannst du auch noch nicht kennen. Passt aber ausgezeichnet in deine Situation, findest du nicht auch?

P: Gib mir das Pergament! Ich habe zu tun!

(Paulus streckt die Hände nach dem Pergament aus, Luzifer gibt es ihm jedoch nicht)

L: *(spöttisch)* Oooh, – der Herr ist beleidigt. *(Luzifer liest weiter)*..... „Seid fröhlich in Hoffnung, geduldig in Trübsal, haltet an am Gebet" .... Mit diesem Satz therapierst du dich wohl selbst? Auch wenn es dich ärgert, von Immanuel Kant gibt es noch ein treffendes Zitat für dich: „Drei Dinge helfen, die Mühseligkeiten des Lebens zu tragen: Die Hoffnung, der Schlaf und das Lachen." Für dich gibt es keine Hoffnung, du findest keinen Schlaf und statt zu lachen, weinst du die Nächte hindurch,.... aber außer mir kann es niemand hören!

P: Doch, ich habe Hoffnung...., eine große Hoffnung....., und eine noch größere Gewissheit!

L: Erstaunlich, welche Gewissheit denn?

P: Gib her, ich lese es dir vor!

(Paulus nimmt Luzifer das Pergament aus der Hand)

P: *(liest)* „Denn ich bin gewiss, dass weder Tod noch Leben, weder Engel noch Fürstentümer noch Gewalten, weder Gegenwärtiges noch Zukünftiges, weder Hohes noch Tiefes noch keine andere Kreatur mag uns scheiden von der Liebe Gottes, die in Christus Jesus ist, unserm HERRN.".....

L: Selbst wenn deine Briefe diesen Kerker jemals verlassen, – niemand wird dir glauben. Und was du da schreibst, - Paulus, sei doch ehrlich zu dir selbst –, das glaubst du doch selbst nicht.. ... *(zitiert)* „Die Liebe Gottes in Christus Jesus" ..... die hat dich in diesen Kerker gebracht, du Narr!

(Paulus zeigt schweigend auf das Kreuz,

L: Oh, dieses Kreuz! Oh, dieses Kreuz!

Luzifer verlässt den Kerker)

Musikstück

(Paulus beginnt sichtlich zu frieren, geht im Gefängnis hin und her, berührt die Wände und spricht mehr mit sich als das er betet - während Luzifer wieder den Kerker betritt)

P: Du hast mich in den Kerker geworfen, und meine geistlichen Erkenntnisse hinterher! Jawohl – **du**! Ein anderer kommt täglich. Seine Absichten sind so einfach zu durchschauen: - aber er kommt wenigstens! Ich brauche jemanden, und er ist da! Und wo bist du? Bist du wirklich so weit weg, dass es dir unmöglich ist, in mein Elend zu schauen? Nur mein Freund, ...der kommt mich treu besuchen. Der treue Freund, ... und du, der schweigende, gleichgültige Gott...... Auf meine Fragen schenkst du mir keine Antwort. Interessieren dich meine Zweifel überhaupt? Mir ist kalt. Ich friere. Ich habe Schmerzen, und Hunger. Ich sehne mich so sehr nach den Menschen, die ich liebe. Ich möchte Timotheus umarmen, und Lydia, Markus und Lukas. Ich möchte ihre Stimmen hören und mit ihnen Lieder singen, die von deiner Liebe und Treue erzählen. Herr, ich verstehe nichts mehr...... wie Wasser im Wüstensand ist der Glaube in meiner Angst versickert. ..... *(längere depressive Pause, dann versucht sich Paulus Mut zu machen)* .. Ich weiß es doch: Du warst selbst ganz unten, von Gott und den Menschen verlassen. Du kennst diese erbärmliche Not, die Fragen, die sich im Kreis drehen, die Verzweiflung, die mir die Seele zerreißen möchte......, dein Kreuz, Herr, tröstet mich; - dein Kreuz......

(Luzifer hört Paulus zu und spricht nun zu sich selbst)

L: Er klammert sich an das Kreuz, statt ihm den Rücken zu kehren! Dieser Paulus wird zum Problem. Vor allem, wenn er im Gefängnis bleibt und seine Briefe schreibt..... Ich habe es befürchtet. Schon damals, als ich Christus nach vierzig Tagen in der Wüste nicht zum Ungehorsam verführen konnte, war mir klar: das ist jetzt kein einfaches Scharmützel mehr... Und dann, diese Niederlage am Kreuz, diese meine entsetzliche Niederlage am Kreuz. ..... Aber noch habe ich Zeit, und ich will sie nützen. Was kümmern mich die Ungläubigen. Um die, die ohnehin nicht glauben, brauche ich mich nicht zu kümmern. Die Gläubigen sind's, die ich ihm entreißen werde...

P: *(blickt auf und sieht Luzifer, hört mit dem Schreiben auf und blickt wieder auf das Kreuz)*

L: *(stellt sich neben Paulus hin und blickt auch auf das Kreuz)* Das Kreuz ..... Das Kreuz ist dir wohl sehr wichtig, mein Freund?

P: Ja, und du wirst es mir nicht nehmen!

L: Das will ich doch gar nicht, Paulus, das will ich doch gar nicht. Du darfst dieses Kreuz mitnehmen, wenn ich dir die Freiheit schenke!

P: Du willst mich nicht vom Kreuz meines Erlösers trennen?

L: Erlöser? Erlöser wovon?

P: Vom Tod? Von der Sünde? Von der Finsternis?

L: Es ist mir bis heute ein Rätsel, welche Wirkung eine Religion auf verzweifelte Menschen ausüben kann. „Opium für das Volk" –, ich erspare dir die Erklärung des Zitates -, das Urheberrecht liegt jedenfalls bei mir. Jesus hat dich nicht von Sünde und Tod, sondern von der Freiheit, vom eigenständigen Denken und Handeln und von jeder menschlichen Würde befreit! Komm, stell dich **vor** dieses Kreuz und lass uns gehen!

P: *(überlegt kurz und sagt dann unsicher)* Ich will doch **unter** diesem Kreuz bleiben.

L: Sei nicht so bescheiden, Paulus, stell dich **vor** dieses Kreuz. Und wenn das Kreuz etwas taugt, dann wird es dir folgen und dich beschützen und bewahren.

P: *(unsicher, mehr zu sich selbst)* Ich weiß, dass ich **unter** diesem Kreuz bleiben sollte...**unter** dem Kreuz, **unter** der Gnade, **unter** dem Wort....

L: Paulus, du bist doch dazu berufen, mutig voranzugehen! Also sei vernünftig, stell dich endlich **vor** dieses Kreuz und folge **mir** nach, – raus aus diesem Gefängnis!

P: *(schweigt)*

(Luzifer verlässt das Gefängnis)

Musikstück

(Paulus schreibt und liest):

P: „Lasst uns laufen mit Geduld in dem Kampf, der uns bestimmt ist, und aufsehen zu Jesus, dem Anfänger und Vollender des Glaubens......“ *(unterbricht sein Schreiben)* Wie kann ich bloß weiter solche Worte schreiben, die mich auch jetzt weder trösten noch stärken?.... *(schreibt weiter):* „Lass dich nicht vom Bösen überwinden, sondern überwinde das Böse mit Gutem.“

(Luzifer kommt mit einem Korb voller Essen und Trinken)

L: Was für ein schönes Wort: Das Böse mit Gutem überwinden. Paulus, schau her, ich bringe dir Gutes, - Essen. Das ist doch eine willkommene Abwechslung zu deiner dünnen Gefängniskost.

P: *(schaut sehnsüchtig auf das Essen und ist schon nahe daran, zuzugreifen)* .... Ich weiß nicht, ob ich von dir das Essen annehmen sollte.

L: Ich bin ich wirklich ein wenig enttäuscht, weil du mein Bemühen um deine Befreiung so wenig zu würdigen weißt. Statt einer absurden Vertröstung biete ich dir die Erlösung von deinem Elend......

P: *(nachdenklich)* .... Erlösung....... ohne Kreuz?

(Paulus legt sich hin und schweigt)

L: Wie wär's mit einem Blick ins Gestern und ins Morgen?

(Paulus schweigt weiter)

L: Gestern ließ ich drei Christen hängen. Die römischen Soldaten verstehen es sehr gut, einen Menschen so zu hängen, dass er möglichst lange zappelt....... Zwei von ihnen hatten Familie, Frau und Kinder. Die Ärmsten werden wohl zugrunde gehen, unversorgt wie sie jetzt sind ......

P: *(resigniert)* .... und Gott wird es zulassen......

L: Richtig prophezeit: Gott wird es zulassen! .... Übrigens ich habe gute Nachrichten für dich von Petrus ... Dem Liebkind von deinem Jesus geht es auch nicht besonders gut. Diese ausgleichende Gerechtigkeit deines Gottes wird dich doch sicher freuen..... Und dir schenke ich jetzt das Vorrecht, weiter in die Zukunft zu blicken, als es je einem Menschen geschenkt worden ist....... Willst du nicht doch was essen?

(Paulus schweigt)

L: Stur wie sein Herr...... Also, die Begriffe Inquisition, Hexenverbrennung und Kreuzzüge mögen dir noch fremd sein, - ich will dazu nur so viel sagen: es wird viel Blut fließen im Reich Gottes, viel Blut und viele Tränen..... Ich werde grausame Herrscher in die Kirche senden, und sie werden sich nicht um die frohe Botschaft kümmern, sondern nur um ihre Macht, ihre Gier nach Reichtum und um ihre Lust. Wenn du sehen könntest, was hinter den Kirchenmauern alles möglich sein wird ......

P: *(zornig und zunehmend verzweifelt)* Christus hat es uns vorausgesagt: „Es werden aber falsche Christusse und falsche Propheten aufstehen und werden Zeichen und Wunder tun, um, wenn möglich, die Auserwählten zu verführen"........Herr!! – Warum wirst du dies alles zulassen?!

L: Paulus, dein Jammern endet hier an diesen Mauern. Schließ dich doch mir an! Ich werde ein Friedensreich bauen, mit dir, Paulus, mit dir! Und du darfst in diesem Reich herrschen: gütig und weise!

P: *(seufzt und spricht mehr zu sich):* .... ich will hier raus, nur raus hier! Meine Fragen, Zweifel und Ängste bringen mich noch um!

L: *(nun zu sich selbst und nicht zu Paulus sprechend)* Wenn mir Paulus folgt, bleibt mir vielleicht dieser Luther erspart.

P: Luther?

L: *(nun wieder zu Paulus gewandt)* Den kannst du auch noch nicht kennen, und er wäre auch nicht der rechte Umgang für dich. Jetzt hör mir genau zu: – seine letzten erbärmlichen Worte, die er niederschreiben wird, sind: „Vor Gott sind wir alle Bettler, das ist gewisslich wahr!" – Willst du wirklich als Bettler sterben, Paulus?

P: *(schweigt)*

L: Christus denkt nicht an dich, deine Glaubensbrüder erinnern sich nicht an dich, und deine Briefe werden zum Entfachen von Feuer verwendet. Du wirst als Bettler sterben, in diesem Loch!

P: .... nein, nicht in diesem Kerker, er macht mich noch wahnsinnig! *(schlägt mit den Fäusten gegen die Mauer)*

L: Der Kerker, Paulus, macht dich nicht wahnsinnig. Dein schweigender Gott raubt dir den Verstand. Mit meiner Hilfe könntest du ein Fürst sein, und was für ein Fürst! Einer, wie ihn die Welt noch nie gesehen hat! Ich kann dich wieder vom Paulus zum Saulus verwandeln!

P: Ich will kein Fürst sein, ich will nur raus hier, ein wenig Trost, ein wenig Licht,.... ist denn das zu viel verlangt?

L: Also, von Gott darfst du das nicht erwarten! Paulus! Wenn du nicht umkehrst, Buße tust und mir folgst, werde ich ungehalten, wirklich ungehalten. Du solltest einen Blick in die Welt werfen, die ich dann gestalte. Krankheiten, Kriege, Seuchen, Hungersnöte, Erdbeben....... Es wird kein Elend geben, das ich nicht über die Welt bringe, und ihr Christen könnt nicht eines davon verhindern. Paulus, du musst jetzt Verantwortung übernehmen. Für dich und für diese Welt!

P: *(blickt wieder auf das Kreuz und rafft sich auf)*

L: Kennst du Mohammed? Wie gedankenlos von mir, du kannst ihn ja noch nicht kennen – Der wird euch Christen das Leben wirklich schwermachen.

P: *(zunehmend resigniert und gleichgültig)* Wer noch?

L: Napoleon zum Beispiel.

P: Zitat?

L: Äääh.... „Der Zufall ist der einzig legitime Herrscher des Universums."

P: Unsinn, ...

L: Ich weiß.... Aber der Unsinn wird die Welt regieren, ... und der Wahnsinn. Oh, könnte ich dir die Bilder vor Augen malen, die ein Hitler oder ein Stalin dieser Welt schenken werden...... Schreckliche, herrliche Bilder. Ein phantastisches Chaos. Und könntest du bloß das Jammern und Schreien hören.... Das Wort Abtreibung wird dir wahrscheinlich noch nicht geläufig sein, und ganz sicher auch nicht so edle Begriffe wie Organhandel, Börsenspekulation, Folter, Kindersoldaten, Korruption und Klimawandel.....

P: Quäl' mich bitte nicht mit deinen Plänen.

L: Du weißt, dass sie eintreffen werden!

P: Ich weiß........Und Gott wird es zulassen, er wird es zulassen...

L: Er wird es zulassen! Woran willst du dich klammern, Paulus, wenn du im Zweifel und in der Angst zu ersticken drohst?

P: Darf ich dir auch ein Zitat bringen?

L: Oh, der gelehrte Paulus will mich mit seiner Bildung beeindrucken!

P: Es ist besser, ein einziges **kleines** Licht anzuzünden, als die Dunkelheit zu verfluchen.

L: *(überlegt kurz):* Konfuzius!

P: Richtig.

L: Ein nettes Zitat. Aber völlig zusammenhanglos; es passt nicht in deine Situation. Bist du wirklich schon so sehr am Ende, dass dich ein Konfuzius trösten muss?

P: Vielleicht will ich mich nur trösten. Und noch schöner als dieses Zitat über das **kleine** Licht, - das immerhin von einem Heiden stammt -, ist die Aussage des Propheten: „Das Volk, das im Finstern wandelt, sieht ein **großes** Licht; und über die, die da wohnen im finster´n Lande, scheint es hell." Gott hat uns in Jesus Christus kein kleines Licht geschenkt, sondern ein großes. Dieses Licht wird niemals verlöschen. Niemals! Und du weißt es.....

L: Ja, ja, ja.....willst du essen?

P: Nein.

L: Dummkopf. Du darfst ruhig essen. Ich werde nämlich dafür sorgen, dass es deine Henkersmahlzeit wird!

P: *(liest aus seinem Pergament):* „Denn wir haben hier keine bleibende Stadt, sondern die zukünftige suchen wir."

L: Du weißt, dass ich die Macht habe, dich zu töten. Ich könnte dich kreuzigen lassen, dann stehst du ganz in der Nachfolge deines Herrn und Erlösers......, oder ich lasse dich enthaupten, dann setzt du die Tradition von Johannes dem Täufer fort....... Oder hängen......, vielleicht auch einfach ersäufen, wie eine Katze....... Ich könnte dich steinigen lassen, dann weißt du, wie sich Stephanus in den letzten Minuten seines Lebens gefühlt hat...... Oder ich schicke dich ins Kolosseum. Warst du schon einmal im Kolosseum? Das muss man einfach gesehen haben! Diese Größe, diese Erhabenheit. Ich könnte dich gegen einen Gladiator antreten lassen, oder gegen einen Löwen. Nein, Löwe ist nicht gut. Da werde ich immer an den Propheten Daniel erinnert. Schauderbare Geschichte....

P: *(schweigt)*

L: Fürchtest du dich nicht?

P: *(eher zu sich selbst)* Doch, ich fürchte mich, ich habe entsetzliche Angst.

L: Du wirst sterben. Und auch von deiner Lehre wird nichts bleiben, ich werde dafür sorgen.

P: Wenn du **meine** Lehre vernichtest, so soll es mir recht sein. Gottes Wort aber wirst du niemals.....

L: *(unterbricht Paulus)* Ich weiß, ich weiß: „Himmel und Erde werden vergehen, aber meine Worte werden nicht vergehen." Bla bla bla...... Seine Worte werden vielleicht nicht vergehen, ich werde aber Zweifel in seine Lehre gießen. Und irgendwann wird sich kein Mensch mehr sicher sein, ob Jesus überhaupt jemals gelebt hat oder nicht...... Und sein Vater im Himmel –, dieser Vater wird tot sein, ... eure Lehrer werden einen toten Gott verkündigen. Aber sei getrost Paulus, du wirst das Elend der Theologie nicht mehr miterleben, weil du noch heute sterben wirst.

(Paulus liest Luzifer aus seinem Brief vor):

P: „Wenn wir aber mit Christus gestorben sind, so glauben wir, dass wir auch mit ihm leben werden .... Leben wir, so leben wir dem Herrn, sterben wir, so sterben wir dem Herrn, darum, ob wir nun leben oder sterben, so sind wir des Herrn.........“ Oh, wenn ich das bloß glauben könnte!

(Luzifer nimmt Paulus den Brief weg und wirft das Pergament verärgert auf den Boden)

L: Ich werde dir deine Briefe noch austreiben......, heute noch lasse ich dich hinrichten.....*(spöttisch)* Halleluja –, Paulus! Christus ist auferstanden! Aber nicht für dich, – Paulus -, nicht für dich!

(Luzifer verlässt das Gefängnis. Paulus geht eine Weile unruhig im Kerker hin und her, kniet sich dann unter das Kreuz und betet)

P: Herr, ich habe Angst, ich habe eine so entsetzliche Angst..... Wie oft hast du deinen Jüngern zugerufen: „Fürchtet euch nicht“..... ich aber habe eine so entsetzliche Angst.... Siehst du denn nicht, wie mein Glaube und meine Hoffnung in der Angst vor dem Henker schwinden? Herr, wenn du mich jetzt nicht trägst, mein Glaube trägt mich nicht mehr..... Bete du jetzt für mich weiter, - ich kann nicht mehr.........

Musikstück

(Luzifer kommt wieder)

L: Steh auf! Die Soldaten warten vor der Tür, um dich zu holen. Du wirst hingerichtet.

(Paulus seufzt)

L: *(spöttisch)* Du willst ein Christ sein, und fürchtest dich? Schäm dich, Paulus, schäme dich! So machst du deinem Herrn und Erlöser wahrlich keine Ehre .... Willst du nicht doch noch ein paar Worte schreiben, bevor du zur Hölle fährst?

(Paulus schreibt und liest)

P: „Denn ich schäme mich des Evangeliums von Christus nicht; denn es ist eine Kraft Gottes, die da selig macht alle, die daran glauben."

L: Rede keinen Unsinn, von deinem Glauben ist doch nichts mehr übrig! Du kannst nicht mehr glauben, also bist du auch nicht erlöst.

P: Ich bin nicht erlöst, weil ich glaube. Ich darf glauben, weil ich erlöst bin.

(Luzifer zeigt mit der Hand nach draußen und Paulus verlässt mit gesenktem Kopf das Gefängnis...... Luzifer blickt auf das Kreuz, dreht sich um und spricht zum Publikum)

L: Er wird hingerichtet......... Paulus habe ich verloren.....*(blickt ins Publikum)*..... Aber ihr seid noch alle da...... Freunde!

ENDE

Also starb Zarathustra

Dreipersonenstück

Personen: Zarathustra (Z), Maria (M) und Pfarrer (P)

An die Wand projiziert: „Montag“.

Maria (die Assistentin Zarathustras) sitzt hinter ihrem Schreibtisch. Zarathustra betritt das Büro.

Maria hastet zur HiFi-Anlage und schaltet sie ein. Es erklingt „Die große Sehnsucht“ aus Richard Strauß „Also sprach Zarathustra“.

Zarathustra steht mit dem Rücken zum Publikum und dirigiert theatralisch bis das Stück zu Ende ist. Maria steht schweigend daneben.

Z: An die Arbeit!

Beide setzen sich hinter ihre Schreibtische und arbeiten an den Computern.

M: Chef?

Z: Was? - Du störst!

M: Jeden Montagmorgen dieses Musikstück. Wozu? Und warum nennst du dich eigentlich Zarathustra?

Z: *(mehr zu sich selbst als zu M)* Richard Strauß und Friedrich Nietzsche. Dem Ersten verdanke ich die großartige Musik, dem Zweiten die erhabenen Gedanken. Viel zu hohe Gedanken.... für einfältige Gemüter.

M: Einfältige Gemüter wie........ mich?

Z: Richtig.

kurzes Schweigen

M: Warum demütigst du mich Tag für Tag mit deinem Spott? Das tut mir weh!

Z: Vergeude meine kostbare Zeit nicht mit deinem Jammern! Es ist deine Schuld! Mit deinen lästigen Fragen demütigst du dich selbst. Halte den Mund und sei dankbar, dass du in meiner Nähe sein darfst.

M: Du behandelst mich wie.....

Z: Sei vorsichtig, Maria. Sei bloß vorsichtig! Du nervst! Draußen warten hunderte Mädchen, die allesamt schöner, intelligenter und schweigsamer sind als du.

M: Ich bin also nicht schön genug, nicht klug genug und nicht schweigsam genug? Ich war aber gut genug, um zu dir ins Bett zu steigen!

Z: Bilde dir bloß nichts darauf ein! Du bist in jeder Hinsicht austauschbar –, auch im Bett!

M: Du hast mich geschwängert!

Z: Und ich habe dir die Abtreibung bezahlt! In einer Nobelklinik! Wir sind quitt. Und jetzt wird gearbeitet....... Das Kapital muss fließen. Es muss fließen und sich vermehren. Anwachsen zu einem Strom, der alles mit sich reißt. Ich kann es fühlen. Das wird die beste Woche meines Lebens.

kurzes schweigsames Arbeiten

M: Warum arbeiten wir in diesem kalten Bunker?

Z: Du störst schon wieder! Sag, bist du so dämlich oder stehst du unter Drogen? Ich habe es dir doch oft genug erklärt. Weil ich Feinde habe. Mächtige Feinde. Und die, die ich noch nicht beseitigen konnte, würden mir lieber heute als morgen eine Kugel in den Kopf jagen. Das Geschäft mit den Millionen und Milliarden kann ziemlich grausam sein. Und die Verlierer in diesem Spiel sind sehr nachtragend.

Das Handy auf dem Tisch von M läutet. M hebt ab.

M: Ja? Wer spricht? Wer?...... Können Sie das bitte buchstabieren? *(Sie schreibt auf einen Block)*

Z: Wer ist es denn?

M *(zögerlich):* Es ist .... Gott.....

Z: Gott? Welcher Gott? Kenne ich nicht. Gib her.... *(nimmt das Telefon)*

Z: Ja? Herr Gott, woher haben Sie diese Nummer?......... Soso, Sie haben also alle Nummern.... Auch die Geheimnummern. Ich verstehe. Faszinierend........ Warum rufen Sie mich an? Was wollen Sie von mir?.......... Natürlich bin ich ein Experte auf den Finanzmärkten........, ein Jongleur der Renditen gewissermaßen..... Ja, auch auf den besonders ertragreichen Märkten abseits der Augen der Justiz......... Ich habe nicht gesagt, dass ich mich dort engagiere, aber............ Sie wissen ja wirklich sehr gut über mich Bescheid. Wenn Sie mich erpressen wollen, möchte ich Sie warnen, ich........., ach wirklich? Verstehe, ... kein Erpressungsversuch; - ein Auftrag! Ja, Sie können beruhigt sein, meine beiden letzten Investments waren ebenso diskret wie erfolgreich....... Ich bin dabei, eine Pornoindustrie von Minderjährigen für Minderjährige aufzubauen. Eine extrem verschachtelte und schwierige Konstruktion in Entwicklungsländern..... Die Renditen übertreffen schon jetzt alle Erwartungen....... Und mindestens ebenso erfolgreich ist die Produktion von speziell entwickelten Waffen für Kindersoldaten. Klein, handlich, leicht,.... maßgeschneidert für die zarten Kinderhände....... Sie sehen, wenn es um unmögliche Aufträge geht, sind Sie bei mir an der richtigen Adresse. Woher Sie meine Nummer auch immer haben, Sie haben richtig gewählt......... Welche Aktie möchten Sie auf den Markt werfen?..... Die was?...... Die Christusaktie?..... Was soll denn das sein?....... Ein Titel alleine ist zu wenig, um ein seriöses

Angebot zu legen. Lassen Sie mir doch eine detaillierte Produktbeschreibung zukommen. Dann kann ich ein Konzept für ein vernünftiges Investment erstellen....... Was?...... Sie haben mir die Unterlagen schon geschickt? ...... Sie liegen in meinem Büro auf dem Boden?....... Hallo?..... Hallo?...... Aufgelegt.

Z sieht ein Buch am Boden liegen, geht näher und liest den Titel:

Z: „Das Neue Testament". Was soll denn der Unsinn?..... *(zu Maria)* Heb' es auf!

M: Warum ich?

Z: Wer sonst? Ich bücke mich doch nicht für das Neue Testament.

M seufzt, steht widerwillig auf, hebt das Buch auf und drückt es Z in die Hand.

Am Handy kommt ein SMS an. Z liest

Z: Dieser Herr Gott gibt mir bis morgen Zeit, die Unterlagen zu studieren. Dann möchte er ein Angebot.

M: Wirst du auf dieses Geschäft einsteigen?

Z: Dieser Gott weiß zu viel. Er kennt meine Geheimnummer, er kennt meine Geschäfte. Es wäre zu gefährlich, ihn einfach abblitzen zu lassen. Ich werde mich zum Schein für das Investment interessieren. Sobald ich weiß, wo ich ihn finde, ist er tot...... Christusaktie, ... lächerlich!

Z verlässt kopfschüttelnd das Büro

M: Es ist so kalt in diesem Büro. So entsetzlich kalt. Irgendwann wird meine Seele erfrieren.

Lied

An die Wand projiziert: „Dienstag".

Maria und Zarathustra sitzen hinter ihren Schreibtischen. Zarathustra blättert im Neuen Testament.

Z: Schwachsinn. Dieser Christus ist der totale Schwachsinn.

Das Handy auf dem Tisch von M läutet. M hebt ab.

M: Ja? ...... Es ist wieder ..... Gott.

Z: *(nimmt das Handy).* Grüß Gott, Herr Gott. Ja...., ich habe die Produktbeschreibung gelesen. Es tut mir sehr leid, Ihr Produkt, ... also, dieser Christus, um den es offensichtlich geht, ... ist in der vorliegenden Form völlig unverkäuflich........ Sie wollen sich einen anderen Anbieter suchen? .... Nun seien Sie doch nicht gleich eingeschnappt. Ihr Christus ist bei mir in den besten Händen. Wir müssen aus Marketinggründen nur ein paar Änderungen,..... der Zeitgeist, also der Markt verträgt doch keinen Gekreuzigten........... Keine Änderungen? Nicht ein Punkt oder Beistrich? Hören Sie sich meine Vorschläge doch mal an. Wenn Christus bei den Kunden Erfolg haben sollte, darf er doch nicht........ Aufgelegt...... Dieser Gott hat keine Ahnung vom Geschäft. Er erlaubt sich aber eine unglaubliche Arroganz und Überheblichkeit.

M: Was willst du jetzt tun, Chef?

Z: Bis morgen liest du dieses Buch *(gibt ihr das Neue Testament)*. Vielleicht kann ein dummer Mensch mit diesen frommen Sprüchen mehr anfangen als ein Genie wie ich.

M: Du demütigst mich schon wieder.

Z: Und du nervst schon wieder. Halt den Mund und lies.

(Z arbeitet hinter dem Computer, M blättert im Neuen Testament)

M: Das verstehe ich nicht.

Z: Das habe ich befürchtet.

M (*liest aus dem NT vor):* „Er hat den Schuldbrief getilgt, der mit seinen Forderungen gegen uns war, und hat ihn weggetan und an das Kreuz geheftet."

Z: Wo steht das?

M: Im Brief des Apostel Paulus an die Kolosser, im zweiten Kapitel, Vers 14.

Z: Wie ich sagte: Schwachsinn. Ich habe nie einen Schuldbrief unterschrieben. Dieser Gott kann keine Forderungen gegen mich haben. Ich hatte nie etwas mit ihm zu tun. Und ein Schuldbrief, der etwas wert ist, wird eingefordert und nicht an ein dämliches Kreuz geheftet. „Schuld" und „Sünde", die ganze Produktbeschreibung ist voll mit diesen leeren Worthülsen.

M: Es gibt keine Schuld und keine Sünde?

Z: Nein, gibt es nicht. Es gibt Angebot und Nachfrage. Daraus resultiert ein Preis.

M: Und sonst?

Z: Sonst nichts. Wenn ich jemanden töten will, erzeuge ich eine Nachfrage nach einem Mörder. Mord ist ein risikoreiches Geschäft. Also muss ich einen hohen Preis bezahlen, damit es auch ein entsprechendes Angebot gibt. Auch das Geschäft mit Drogen, Kinderpornografie und illegalen Giftmülldeponien ist sehr risikoreich. Der Preis ist entsprechend hoch.

M: Aber das Gesetz?

Z: Angebot und Nachfrage. Ich habe mir schon viele Gesetze gekauft.

M: Aber die Moral ......

Z: Moral? Ausgerechnet du sprichst von Moral? Mach dich nicht lächerlich! Die Moral ist ein Kind ihrer Zeit. Und die Zeit ist erfüllt vom immerwährenden Spiel zwischen Angebot und Nachfrage. Was vor einigen Jahrzehnten noch im höchsten Maße unmoralisch und strafbar war, gilt heute als Zeichen der aufgeklärten Toleranz. Auch der Markt der moralischen Werte ist in ständiger Bewegung. Angebot und Nachfrage, - ein ewiges Spiel. Und Zarathustra ist der stärkste Spieler, den die Welt jemals gesehen hat. Du kannst getrost dein viel zu hohes Jahresgehalt darauf verwetten: Zarathustra wird auch Gott besiegen!

Am Handy kommt ein SMS an. Z liest

Z: Er wird mich nicht mehr anrufen. Gott will mir noch heute einen seiner Vertreter schicken.......... einen Pfarrer!...... Sag, was glaubt denn dieser eitle Herr, wen er vor sich hat?..... Er schickt mir einen Pfaffen! .... Gut, meinetwegen. Wenn Gott zu feige ist, um selbst zu kommen, dann werde ich eben seinen Vertreter zerquetschen! Maria, ich muss weg. Ich habe einen wichtigen Termin. Falls der Pfarrer kommt, lass ihn bloß nicht wieder fort, bevor ich zurück bin. Ich leite alles in die Wege, damit diese lächerliche Christusaktie noch heute auf den Markt kommt......

M: Aber das ist doch unmöglich!

Z: Wenn Zarathustra etwas will, ist nichts unmöglich. Und wenn diese Christusaktie noch heute auf den Markt muss, damit ich Gott morgen erledigen kann, dann wird es so geschehen!

Zarathustra geht, Maria liest im Neuen Testament.

Es läutet.

M: Bitte eintreten!

Der Pfarrer betritt den Raum.

P: Grüß Gott.

M: Guten Tag. Wer sind Sie?

P: Ich bin Pfarrer. Und ich bin neu hier......

M: Ich heiße Maria.

P: Ein schöner Name.

M: Mir egal. Mein Chef wird gleich kommen. Nehmen Sie doch Platz. Darf ich Ihnen einen Kaffee anbieten?

P: Sehr gerne. Danke.

Maria schenkt dem Pfarrer, der Platz genommen hat, einen Kaffee ein. Der Pfarrer sieht die Bibel.

P: Sie lesen die Bibel? Erlaubt Ihnen Ihr Chef während der Arbeitszeit diese Lektüre?

M: Er hat sie mir befohlen.

P: Das muss ein interessanter Mann sein.

M: Er ist ein Ekel. Und das Buch ist eine Ansammlung von unverständlichen Sprüchen.

P: Was verstehen Sie nicht? Wenn ich Ihnen helfen kann.......

M: Dieser Christus, um den es die ganze Zeit geht, der ist doch Gottes Sohn, richtig?

P: Das ist richtig.

M: Wie kann jemand, den es gar nicht gibt, einen Sohn haben?

P: *(nach längerem Schweigen)* Wenn es diesen Gott und seinen Christus jedoch gibt – würden Sie sich darüber freuen?

M: Ich hätte Angst vor ihm.

P: Warum?

M: Das ist egal, das geht Sie nichts an.

P: Entschuldigung, ich wollte nicht neugierig sein.

(Peinliches Schweigen)

P: Dieses Büro erweckt auf Außenstehende einen sehr bedrückenden Eindruck.

M: Es ist kein Büro, es ist ein Bunker!

P: Ja, es hat etwas von einem Bunker an sich.

M: Es ist ein Bunker! Ein Gefängnis! Eine Folterkammer!

P: Sind Sie hier denn gefangen?

M: Nein, natürlich nicht. Und jetzt lassen Sie mich arbeiten.

(Wieder peinliches Schweigen. Der Pfarrer trinkt seinen Kaffee aus und steht auf)

P: Ich denke, ich komme wieder, wenn Ihr Chef auch vor Ort ist. Herzlichen Dank für den Kaffee.

M: Sie dürfen noch nicht gehen!

P: Warum nicht?

M: Mein Chef will es so. Er wird bestimmt bald hier sein. Möchten Sie noch einen Kaffee?

P: Nein, danke. Aber ich kann doch morgen wieder....

M: Es tut mir leid, Sie müssen bleiben!

P: Deshalb also das Wort Gefängnis; - bin ich Ihr Gefangener?

M: Natürlich nicht. Aber Sie dürfen trotzdem nicht gehen.

P: Und wenn ich trotzdem gehen möchte? Wie wollen Sie mich zurückhalten?

M: Sex?

P: Wie?

M: Sex. Ich darf Ihnen auch Sex anbieten. Hauptsache Sie bleiben!

P: Entschuldigen Sie,....... ich,..... was soll das?

M: Bin ich nicht schön genug?

P: Nein, ich meinte...... natürlich.....Wo bin ich da bloß gelandet. Ich muss gehen!

M: Nein, bitte gehen Sie nicht! Bitte!

P: Was geschieht denn, wenn ich gehe?

M: Ich weiß nicht. Vielleicht bringt er mich um.

P: Wer?

M: Mein Chef. Er ist sehr unberechenbar.

P: Dann müssen Sie doch zur Polizei gehen!

M: Sie kennen meinen Chef nicht.

P: Soll ich für Sie zur Polizei gehen? Ich kann auch anrufen *(greift zum Telefon).*

M: Nein, nein! Bitte nicht! Es ist seine Polizei. Glauben Sie mir! Es würde mir und auch Ihnen nur schaden. Nehmen Sie sich doch noch ein paar Minuten. Er wird sicher gleich kommen. Dann plaudern Sie ein paar Worte mit ihm und die Sache ist erledigt. Es besteht keine Gefahr.

P: Darf ich Sie etwas fragen?

M: Natürlich.

P: Verstehen Sie mich nicht falsch, aber...... Kann es sein, dass Sie mit psychischen Problemen kämpfen?

M: Möglich, ich weiß es nicht. Ich rede manchmal zu viel. Vergessen Sie meine dummen Worte. Sie könnten mir, bis mein Chef kommt, einen großen Gefallen tun.

P: Ja? Ich weiß nicht.....

M: Nichts Anstößiges...... Können Sie mir dieses Neue Testament erklären?

P: Oh, das Neue Testament zu verstehen, das erfordert ein ganzes Leben. Das lässt sich nicht in wenigen Minuten....

M: Ein, maximal zwei Sätze!

P: Das kann ich nicht.

M: Effizienz. Mein Chef predigt mir täglich die Effizienz. Sie werden doch wohl die wichtigsten Sätze aus dem Neuen Testament kennen!

P: Vielleicht Johannes 3,16: „Also hat Gott die Welt geliebt, dass er seinen eingeborenen Sohn gab, damit alle, die an ihn glauben, nicht verloren werden, sondern das ewige Leben haben."

M: Schön, das klingt sehr schön. Und jetzt erklären Sie mir bitte noch den Vers 14 aus Brief des Apostel Paulus an die Kolosser, im zweiten Kapitel......

(Das Telefon klingelt, Maria hebt ab und hört)

M: Mein Chef hat gerade angerufen, er schafft es heute nicht mehr. Sie sollten morgen wiederkommen. Es ist sehr wichtig.

P: Ich weiß nicht, ob ich nicht doch lieber zur Polizei....

M: Wollen Sie, dass ich verloren gehe?

P: Natürlich nicht.

M: Dann bitte ich Sie, zu kommen.

(P geht schweigend)

Lied

An die Wand projiziert: „Mittwoch"

Maria liest im Neuen Testament. Z arbeitet hinter dem Computer.

Z: So ein Mist! So ein erbärmlicher Mist!

Schweigen. Nach einer Weile betritt der Pfarrer den Raum

Z: Aaah, der Pfaffe ist da.

P: Ich bin der Pfarrer, Grüß Gott.

Z: Sagte ich ja, der Pfaffe. Setzen Sie sich! Sie müssen mir einige Fragen zum Neuen Testament beantworten.... Maria, welchen merkwürdigen Spruch hast du gestern zitiert?

M: *(schlägt die entsprechende Stelle im Neuen Testament auf)* Brief des Apostel Paulus an die Kolosser, zweites Kapitel, Vers 14.: „Er hat den Schuldbrief getilgt, der mit seinen Forderungen gegen uns war, und hat ihn weggetan und an das Kreuz geheftet."

Z: Genau. Von welchem Schuldbrief ist hier die Rede? Welche Schuld?

P: Die Schuld vor Gott.

Z: Ich kenne keinen Gott, ich schulde ihm auch nichts...... Und welches Kreuz?

P: Das Kreuz, an dem Christus, Gottes Sohn, der für Sie, ihre Assistentin, für mich und alle Menschen dieser Welt gestorben ist.

Z: Christus also. Dieser jämmerliche Christus. Diese erbärmliche Witzfigur....... Kennen Sie die Christusaktie?

P: Nein, was soll das? Christusaktie. Das ist ja absurd.

Z: Absurd. Ja, es ist absurd. Schauen Sie her *(drängt den Pfarrer, auf den Computer zu blicken)*. Die Christusaktie habe ich gestern im Auftrag Ihres absurden Gottes auf den Markt geworfen. Sehen Sie diese Kurve?

P: Ich sehe nur eine gerade Linie.

Z: Richtig. Keine Kurve. Eine Linie entlang der 0-Achse! Wissen Sie was das heißt?

P: Nein, ich verstehe nicht....

Z: Nach diesem Christus herrscht keine Nachfrage! Null Nachfrage! Christus ist die erste Investition in meinem Leben, für die es keinen Markt gibt! Und dein Gott hat mir diese Niederlage beschert! Sag, wie will sich dein Gott vor mir rechtfertigen?

P: Gott, sich rechtfertigen? Für einen Aktienkurs?

Z: Ja natürlich. Es ist ja seine Aktie! Was hat ein Gott, den niemand braucht, in meinem Leben verloren? Wieso drängt er sich in meine Welt? Kannst du ihm nicht ausrichten, dass meinerseits keinerlei Nachfrage nach ihm besteht?

P: Vielleicht will er, dass Sie nicht verloren gehen?

Z: Zarathustra geht nicht verloren! Das ist völlig ausgeschlossen! Dein Gott soll aufpassen, dass nicht er es ist, der verloren geht. So ganz ohne Nachfrage! Er ist eine Schande für den Markt!

(Der Pfarrer wendet sich an Maria)

P: Ich habe Ihnen passend zu dem Vers aus dem Kolosserbrief etwas mitgebracht.

(Er greift in den Sack, den er mit sich trägt, und holt ein großes Holzkreuz hervor)

Z: Was soll das?

P: Das gehört Ihrer Assistentin.....

Z reißt ihm das Kreuz aus der Hand.

Z: Alles was sich in diesem Raum befindet gehört mir!

(P setzt zum Widerspruch an, M deutet ihm ängstlich, still zu sein)

P: Ich verstehe. Bei Ihnen besteht also Nachfrage nach dem Kreuz. Sie brauchen das Kreuz?

Z: Ich? Das Kreuz? Lächerlich!

(Z stellt das Kreuz auf den Tisch vor Maria)

Z: Du kannst diesen Schrott behalten.

(Z geht zum Computer):

Z: Ein Mail. Sorry, das ist wichtig, das muss ich dringend lesen.

(Z liest am Computer)

M: Herr Pfarrer?

P: Ja?

M: Und ich? Ich meine ......, brauche ich das Kreuz? *(deutet auf das Kreuz)*

P: Wir alle brauchen dieses Kreuz. An diesem Kreuz entscheidet sich alles. Nur dieses Kreuz schenkt Errettung und Erlösung......

Z: Was soll das religiöse Geschwafel? Erlösung, Rettung.......Wovon denn? Von dem Phantasiegebilde namens Hölle vielleicht? Der Herr Pfaffe soll mir doch etwas erklären. Unterteilen wir die Menschen doch einmal in...... *(schaut sich suchend um und greift schließlich nach einem am Tisch liegenden Maßband, – er zieht das Band aus dem Gehäuse und hält es dem Pfarrer hin)*

Z: Nehmen wir an hier oben *(zeigt auf die Spitze des Maßbandes)* sind die ganz Guten. Und hier unten *(zeigt auf das Ende des Maßbandes)* die ganz Bösen. Also nach den absurden Wertvorstellungen der Christen. Ganz oben der Pfaffe mit all seinen verrückten Heiligen. Ganz unten Zarathustra. Und irgendwo dazwischen Maria. Gewissermaßen „the good, the bad and the ugly" .... haha, der ist gut. Wo ist die Grenze zwischen Gerettet und Verloren? Zwischen Himmel und Hölle? Zwischen ewigem Leben und ewiger Verdammnis?

P: Ohne Kreuz?

Z: Ohne Kreuz!

P: *(erklärt, indem er auf das Maßband zeigt):* Die Guten, die Bösen, der Tod *(deutet auf den Knopf, mit dem man das Maßband einziehen kann)* und die Hölle *(deutet auf das Maßbandgehäuse).*

P drückt auf den Knopf, das Maßband wird eingezogen.

Z: The good, the bad and the ugly, – alle in der Hölle! Das ist köstlich.

P: Das ist die Wahrheit ohne Kreuz.

M: Das ist ungerecht! Gott kann doch nicht......, das kann doch nicht wahr sein!

Z: *(spielt noch eine Weile mit dem Maßband):* Die Guten, die Bösen, der Tod, die Hölle, ... die Guten, die Bösen, der Tod, die Hölle...... Das ist köstlich! Ich muss arbeiten. Aber vorher habe ich noch eine wichtige Aufgabe für uns. Damit wir in dieser absurden, theologischen Diskussion ein wenig weiterkommen, sollten wir doch konkret werden. Bis morgen schreibt jeder seinen ganz persönlichen Schuldbrief. Ich meine, dieser Wisch, der an das Kreuz geheftet werden sollte. O.k.? Und bloß keine Zurückhaltung. Ich werde auch ganz ehrlich sein. Ich bin doch neugierig, wie viel von dieser sogenannten Schuld auf diesem Kreuz Platz findet.

P geht.

Lied

An die Wand projiziert: „Donnerstag"

Maria liest im Neuen Testament. Z sitzt fluchend hinter seinem Computer. Der Pfarrer kommt herein.

Z: Aaah, der Pfaffe. Gut, dass du hier bist. Hast du deinen Schuldbrief mit?

P: Ja. *(zieht einen Brief aus der Tasche)* Obwohl es eine komplett absurde.....

Z: *(unterbricht ihn):* Maria?

M: Ja. *(zeigt ihr Blatt Papier)*

Z: Gut, und hier *(holt eine beschriebene Klopapierrolle vom Schreibtisch)* The very best of Zarathustra. Also Pfaffe, lass hören. Keine Sorge, dein Beichtgeheimnis ist bei mir gut aufgehoben.

P: *(zögerlich)* Die erste Schuld, an die ich mir erinnern kann, liegt in meiner Kindheit. Ich habe ein Mädchen vom Fahrrad gestoßen. Sie hat sich den Fuß verletzt, und ich habe mit den anderen Jungs über ihre Tränen gelacht.

Z: Langweilig, weiter.

P: In meinem Dienst als Pfarrer werde ich täglich schuldig. Ich besuche zu wenige Menschen, ich finde sehr oft nicht die richtigen Worte, ich ertappe mich sehr oft bei wirklich zornigen Gedanken .....

Z: Langweilig, wird's nicht spannender?

P: Wenn Sie auf Mord oder Betrug warten; - nein.

Z: Maria, jetzt du. Du hast doch hoffentlich mehr zu bieten, als unser Pfaffe.

M: Ja, ich habe wenigstens ein Kind getötet.

P: Wie?

M: Mein Kind, *(zeigt auf Z)* – unser Kind. Vor der Geburt. Abtreibung.

Z: Völlig legal, das hat nichts mit Schuld zu tun. Peinliche Sentimentalität. Ihr seid jämmerliche Sünder. Ihr verdient ja dieses Prädikat überhaupt nicht! Ich biete jetzt euch einen Blick in die wirklichen Abgründe: Durch die Waffen, die ich für Kindersoldaten produzieren lasse, sterben täglich etwa 1.000 Kinder, durch die Drogen, die ich verkaufe, krepieren jährlich mehr als 200.000 Menschen. In meinen Bordellen arbeiten ca. 7.000 minderjährige Prostituierte. Mit meinen Abtreibungskliniken verdiene ich pro Jahr mehrere hundert Millionen Euro. Für besonders betuchte Kunden bieten wir Abtreibungen bis zum fünften Schwangerschaftsmonat. Maria musste ich mit Alkohol gefügig machen, bevor sie zu mir ins Bett stieg, und zwei ihrer Vorgängerinnen sind spurlos verschwunden. Ich morde, ich betrüge, ich stehle, ich vergifte die Umwelt, ich verspotte meine Opfer und verdiene an ihren Tragödien. Soll ich fortfahren?

P: Wer,...... wer sind Sie? Warum erzählen Sie mir solche ....

Z: Ich bin...... Zarathustra. Und, auch, wenn du es mir nicht glaubst, du naiver Pfaffe, ich bin nicht „schuldig“. Ich bin nur der Virtuose im Spiel zwischen Angebot und Nachfrage. Ich verdiene gerne. Könnte ich mein Kapital mit guten Werken schneller vervielfachen als mit den sogenannten Sünden, ich wäre wahrscheinlich ein Heiliger...... Aber nun,..... nun hefte ich meinen Schuldbrief an das lächerliche Kreuz, das du Maria geschenkt hast.

Z heftet sein Papier an das Kreuz

Z: Und nun du Maria

M zögert, das Telefon läutet, Z hebt ab.

Z: Wirklich? Die wollen nicht zahlen? .... Moment, ich habe gerade einen sehr sensiblen Gast bei mir.....

Z verlässt den Raum und telefoniert draußen weiter.

M: Warum...., warum machen Sie bei diesem Wahnsinn mit? Warum sind Sie überhaupt noch einmal gekommen?

P: Ich kann Sie doch nicht im Stich lassen mit diesem Irren!

M heftet ihren Zettel an das Kreuz.

M: Ich habe wenigstens ein Kind getötet. Aber Sie? Können Sie es ertragen, dass Ihre lächerlichen Verfehlungen neben seinen Verbrechen hängen? Ihre kleinen Alltagssünden neben seiner abgrundtiefen Verderbtheit? Sie und er, – am selben Kreuz?

P: Auch wenn es mir den Magen umdreht. Christus ist auch für ihn gestorben.

P heftet auch seinen Zettel an das Kreuz.

M: Sein Schuldbrief, sein endlos langer und blutroter Schuldbrief ist getilgt? Das ist nicht gerecht! Das kann niemals gerecht sein! Niemals! Was ist das bloß für ein Gott!

P: Ich verstehe Ihre Not. Aber wer bin ich, dass ich mich darüber aufregen dürfte, dass Christus zu tief herabgestiegen ist? Nicht nur in die kleinen Sündenpfützen sondern in den endlos tiefen und stinkenden Schlamm?

P greift wieder nach dem Maßband, zieht es heraus und hält es M vor das Gesicht:

P: Wo sollte denn Gott Ihrer Meinung nach die Grenze ziehen? Für welche Sünden sollte die Erlösung nicht mehr genügen? .... *(P deutet auf verschieden Punkte auf dem Maßband),* Hier, hier, oder ab hier? ...... 2. Korinther, Kapitel 5, Vers 21: „Denn er hat den, der von keiner Sünde wusste, für uns zur Sünde gemacht, auf dass wir würden in ihm die Gerechtigkeit, die vor Gott gilt."

M: Christus wurde also selbst zur Sünde, die hier an das Kreuz geheftet ist?

P: *(zögernd)*: Ja.

M: Wissen Sie, welch abscheuliches Ekel da an diesem Kreuz hängt? Sie haben die Aufzählung meines Chefs doch selbst gehört!

P: *(nachdenklich, eher zu sich selbst):* Jetzt verstehe ich, warum sich Gott, angewidert von diesem Ekel am Kreuz, von seinem Sohn abgewendet hat. Die widerwärtige, abscheuliche Sünde in einer Person.

M: Ich halte das nicht aus! Ich halte das nicht länger aus! Gott darf meinen Chef nicht erlösen!

M steht auf und verlässt den Raum. Z kommt zurück.

Z: Ah, die dumme Gans hat die Nerven weggeworfen..... Und alle Zettel hängen am selben Kreuz. Wie schön, dass dieser juristische Aspekt geklärt ist.

P: Sie haben nur ein Papier an das Kreuz geheftet. Aber nicht Ihre Schuld! Glauben Sie wirklich, Gott lässt sich verspotten?

Z: Natürlich. Warum auch nicht? Er verspottet mich ja auch mit seiner Aktie.

P: Sie kennen doch gar keine Schuld! Keine Reue über das, was Sie verbrochen haben! Keine Tränen, nichts, nur Ihr erbärmliches Spiel von Angebot und Nachfrage.

Z: Herrscht im Himmel nicht eine große Nachfrage nach mir?

P: Bedauerlicherweise ja.

Z: Und Christus hat bezahlt.

P: Christus hat bezahlt.

Z: Wo ist das Problem?

P: Sie haben ihm das, was er bezahlt hat, noch nicht gegeben. Nur ein wertloses Blatt Papier. Wenn Sie wirklich Ihre Sünden an das Kreuz heften möchten, dann müssen Sie sich von diesen auch trennen. Christus will nicht Ihre lächerlichen Strafzettel, er will Ihre Schuld! Was man gibt, muss man loslassen! Das muss doch auch ein marktorientiertes Gehirn wie das Ihre verstehen.

Z: Ich denke nicht daran!....... *(nachdenklicher)* Noch nicht......

P: Warum dieses „Noch nicht“?

Z: Ich muss dir etwas zeigen.

Z holt ein Röntgenbild und zeigt es dem Pfarrer.

Z: Weißt du was das ist?

P: Ein Röntgenbild.

Z: Das ist ein Tumor. Mein Tumor. Ich habe einen Tumor und wohl nur noch eine sehr kurze Zeit zu leben.

P: Wie passt das in Ihr Angebot-Nachfrage-Spiel? Gab es Ihrerseits eine Nachfrage nach diesem Tumor?

Z: Ich bin erstaunt, dass ein Pfaffe so spotten darf.

P: Es geht wohl nicht anders. Und bestimmt steht auch der Tod in Ihrem persönlichen Leben nicht besonders hoch im Kurs. Und er klopft trotzdem schon an die Tür.

Z: Das,...... das ist nicht gerecht. Das entspricht nicht den Gesetzen des Marktes.

P: Diese Gesetze interessieren weder ihren Tumor noch den Tod, den er bringt.

Z: *(nach einer kurzen Pause):* Hast du jemals Albert Camus gelesen?

P: Vor Jahrzehnten vielleicht. Jetzt fehlt mir die Zeit.

Z: Warum? Was kann wichtiger sein als Camus?

P: Taufen, Beerdigungen, Gottesdienste, Seelsorge, Hausbesuche ....

Z: Armer Narr. Erbärmliche, kleine Dienste statt großer Literatur! Wie gefällt dir folgendes Zitat von Camus aus seinem Werk „Der Mythos des Sisyphos“: „Was bleibt, ist ein Schicksal, bei dem allein das Ende fatal ist. Abgesehen von dieser einzigen fatalen Unabwendbarkeit des Todes ist alles, sei es Freude oder Glück, nichts als Freiheit. Es bleibt eine Welt, in der der Mensch der einzige Herr ist."

P: Lieber meine großen Dienste, als diese erbärmliche, kleine Literatur.

Z: Oooh, - der Pfaffe kämpft für seine heile Welt. Das Zitat von Camus bleibt trotzdem großartig. Das Einzige was stört, ist dieses Schicksal, das sich ungefragt in mein Angebot-Nachfrage-Spiel schleicht.......

P: Ihre Welt scheint zu zerbrechen.

Z: Und deine mickrige Welt? Ich wette, tief im Inneren sehnst du dich danach, ein klein wenig wie ich zu sein.

P: Niemals!

Z: Friedrich Nietzsche: „Es gibt viele Grausame, die nur zu feige zur Grausamkeit sind." Ich bin mir sicher: Viele „Heilige" waren nur zu feige, um wirklich böse zu sein. Bist du feige? Pfaffe!

P: Wäre ich hier, wenn ich feige wäre?

Z: Gut gekontert! Zurück zu Camus. Wenn ich dich, dein frommes Gerede und dieses Neue Testament recht verstehe, bietet mir Christus einen Ausweg aus dem Schicksal, das mir Camus so eindrücklich schildert.

P: Christus spricht: „Ich bin die Auferstehung und das Leben. Wer an mich glaubt, der wird leben, auch wenn er stirbt."

Z: Klingt irgendwie kitschig. Trotzdem. Vielleicht komme ich auf diese Option noch zurück.

P: Sie dürfen nicht warten. Wissen Sie denn, ob Sie den morgigen Tag noch erleben? Was, wenn Sie der Tumor heute Abend überraschend besiegt?

Z: *(blickt verunsichert auf das Röntgenbild)* Ich muss heute noch ein sehr großes und wichtiges Geschäft abschließen. Einen Deal noch, Pfaffe, einen einzigen Deal. Dann werde ich mir das Angebot deines Christus näher ansehen.

P: Aber....

Z: Wir haben ausreichend Zeit vergeudet! Bis morgen!

(Z deutet herrisch zur Tür, P geht)

Lied

An die Wand projiziert: „Freitag"

Z steht mit dem Gesicht zur Wand und schlägt andauernd mit der Faust gegen die Mauer. M sitzt eingeschüchtert hinter ihrem Computer. P kommt. M deutet ihm, still zu sein, und neben ihr Platz zu nehmen. Im folgenden Monolog verfällt Z zunehmend dem Wahnsinn.

Z: (theatralisch): Ich zitiere Franz Kafka: „Was trag ich auf meinen Schultern? Was für Gespenster umhängen mich?" Und noch einmal, für den ungebildeten Pfaffen: „Was trag ich auf meinen Schultern? Was für Gespenster umhängen mich?" - „Ich weiß die Antwort", wird der Herr Pfaffe spotten: „Deine Schuld ist's, deine riesengroße Schuld, von der du dich nicht trennen willst." Dieser Narr hat keine Ahnung von Schuld. Da quasselt einer von Vergebung, der die Schuld nur vom Hörensagen kennt! Pfaffe, erinnerst du dich an gestern? Mein letzter Deal. Eine Sensation. Der Kurs hat sich verdreifacht! In wenigen Stunden verdreifacht! Aber verzehnfacht hat sich das Gewicht auf meinen Schultern! Wie konnte das so plötzlich geschehen? Ich verstehe das nicht! Es bricht mir die Knochen, es zerquetscht meine Lunge, mein Herz, meine Nieren. Und wie schmutziger Staub gesellt sich die Unzahl der kleinen, so lächerlich kleinen Sünden in meine Krankheit und nimmt mir den Atem. Jedes einzelne Staubkorn fühlt sich stark genug an, um mich zu töten. Mich, den mächtigen Zarathustra! Ich möchte sie ausspucken, die kleinen Verfehlungen, die es nicht wert sind, Sünde genannt zu werden! Ausspucken möchte ich sie, und kann es nicht. Ich möchte die riesigen Felsen von meinen Schultern schütteln, vergeblich. Diese grinsenden Steinmonster. Gestern waren sie mir noch lächerliche Plüschfiguren, und heute drücken sie mich ohne Gnade zu Boden. Schon fühle ich, wie meine Knochen brechen. .... Pfaffe! Wage es nicht, auf das Kreuz zu zeigen und Christus zu predigen. Wage es nicht! Jemand, für den es am Markt keine Nachfrage gibt, ist zu klein für meine Sünden! Zu klein! Verstehst du? Ich brauche einen Erlöser, der mir ebenbürtig ist, einen, der meiner würdig ist, der dem Gewicht meiner Schuld mit Ehrfurcht begegnet. Ich brauche einen großen Gott, keinen ohnmächtigen Christus! .... Maria, hast du gewusst, dass unser Büro eigentlich ein Kerker ist? Ich bin gefangen, ohnmächtig, eingesperrt und verurteilt. Schon rücken die Mauern näher, schon höre ich die letzten Trommeln. Wer holt mich hier raus? Ist denn niemand stark genug, um mich frei zu sprechen? Den Gewinn meines letzten Deals gebe ich für einen Schluck Wasser, den Profit der letzten Jahre für ein barmherziges Wort! Wer wagt es, Zarathustra in eine Wüste aus Fels, Stein und Sand zu sperren? Wer wagt es, Zarathustra schuldig zu sprechen? Wer wagt es, mir die Gnade vorzuenthalten, für die ich mein Vermögen opfern würde? Ich brauche ein Angebot für meine Nachfrage!! Ich biete alles, ich verkaufe alles, alles und jeden für ein einziges barmherziges Wort! Ich küsse dem die Füße, der die Gespenster von mir treibt, und mache jeden zum Fürsten, der mir den Sand aus den Augen wischt. Ich brauche Gnade! Billige Gnade, teure Gnade, große Gnade, kleine Gnade, ... Irgendwo in dieser verdammten Welt muss es doch Gnade für Zarathustra geben! Nein? Keine

Gnade? Nur Felsen? Nur Stein? Nur Sand? Nur Gericht? Hohes Gericht, – welchen Preis muss ich zahlen? Ich zahle alles, wenn nur diese Qualen........ Schweigen, gellendes Lachen, Kreischen und wieder dieses gleichgültige Schweigen. Diese schreiende Einsamkeit, will denn niemand diese schreiende Einsamkeit mit mir teilen? ..... Doch, da sind sie ja. Der Pfaffe und Maria....... Die Zeugen der Anklage! Die Bluthunde des Gerichts! Ich habe eine Überraschung für euch. Eine ganz böse Überraschung!

(Z zieht eine Pistole): Also sprach Zarathustra: „Es werde Nacht!"

(Das Licht geht aus. Drei Schüsse fallen.)

Lied

An die Wand projiziert: „Samstag".

P: Gestern fielen drei Schüsse. Zweimal feuerte der Verstorbene auf das Kreuz. Mit dem dritten Schuss tötete er sich selbst. Und nun sind wir zusammengekommen, um Abschied zu nehmen von einem Menschen, der sich Zarathustra nannte. Der Tod erfüllt weder die Angehörigen noch irgendjemand anderen unter uns mit Trauer oder Schmerz.

Über seinen Tod möchte ich einige Worte aus dem Brief an die Hebräer stellen:

„Sehet darauf, dass nicht jemand Gottes Gnade versäume wie Esau, der um einer Speise willen seine Erstgeburt verkaufte. Wisset aber, dass er hernach, da er den Segen ererben wollte, verworfen ward; denn er fand keinen Raum zur Buße, wiewohl er sie mit Tränen suchte." Und ebenfalls im Hebräerbrief steht das Wort: "Heute, so ihr seine Stimme hören werdet, so verstocket eure Herzen nicht."

Der Mann, der sich Zarathustra nannte, hat die Stimme gehört. Einen letzten Deal wollte er jedoch noch machen, einen allerletzten Deal.

Er war ein Sünder, wie ich zuvor noch keinen kennengelernt habe. Sein verwerfliches Leben hat auch mich dazu verführt, schwer schuldig zu werden. Denn zum ersten Mal in meinem Leben habe ich gehofft, dass sich ein Mensch nicht mehr bekehren könnte. Meine Hoffnung hat sich bewahrheitet, und das klagt mich an. Es ist mir nicht gelungen, im Leben des Verstorben auch nur eine gute Tat, auch nur ein gutes Wort zu finden. Was soll ich über ihn Gutes sagen? Vielleicht dieses eine unbegreifliche Ärgernis: Christus hat auch ihn geliebt und ist für ihn gestorben. Nicht die großen Verbrechen wurden dem Verstorbenen zum Verhängnis, und auch nicht die unüberschaubare Anzahl seiner Sünden. Seine Schuld? Sie war nicht zu schwer. Seine Sünden? Es waren nicht zu viele. Nicht zu schwer, nicht zu viele.... aber zu spät. Seine Reue kam zu spät. Sein verstocktes Herz fand keinen Raum zur Buße, wiewohl er sie mit Tränen suchte. Zarathustra! Aus der Erde bist du genommen, zur Erde sollst du wieder werden. Erde zu Erde, Asche zu Asche, Staub zu Staub. Wir übergeben den Leib der Erde. Der Herr aber wird dich auferwecken,...... zum Gericht.

Es wird finster, als Musik erklingt noch einmal „Also sprach Zarathustra" bis zum vorletzten Akkord, – dann bricht die Musik ab. An die Wand projiziert:

Sonntag ?

Kein

Sonntag

für

Zarathustra

Printed by Books on Demand GmbH, Norderstedt / Germany